IDÉES GÉNÉRALES
SUR LES CAUSES
DE L'ANÉANTISSEMENT
DE
L'IMPRIMERIE,

Et sur la nécessité de rendre à cette Profession, ainsi qu'à celle de la LIBRAIRIE, *le rang honorable qu'elles ont toujours tenu l'une et l'autre parmi les Arts Libéraux;*

PAR JACOB l'aîné, Imprimeur-Libraire à Orléans.

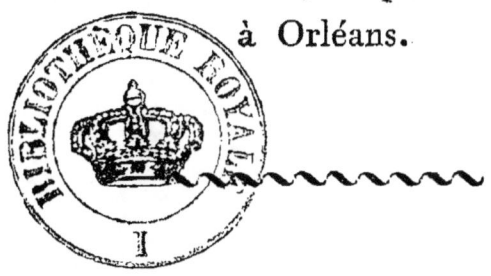

A ORLÉANS,
De l'Imprimerie de JACOB l'aîné.

JUIN 1806.

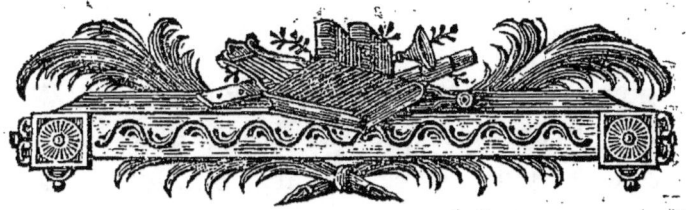

IDÉES GÉNÉRALES
SUR LES CAUSES
DE L'ANÉANTISSEMENT
DE
L'IMPRIMERIE,

Et sur la nécessité de rendre à cette Profession, ainsi qu'à celle de la Librairie, *le rang honorable qu'elles ont toujours tenu l'une et l'autre parmi les Arts Libéraux.*

Le Mémoire pour le *Rétablissement de la Communauté des Imprimeurs de Paris* que M. Stoupe vient de faire paroître, m'a déterminé à réunir quelques Idées éparses que j'avois déjà communiquées à plusieurs Personnes en place, à des époques où il sembloit que le Gouvernement étoit sur le point de jetter un coup-d'œil paternel sur une Profession que ses Panégyristes regardoient, jadis, avec raison, *comme un riche présent du Ciel.*

L'estimable M. Stoupe, dont les talents et les connoissances sont, sans contredit, au-dessus de tout éloge, a cru ne devoir fixer son attention que sur les Imprimeurs de Paris. En gardant le silence sur ceux des Départemens, je ne pense pas cependant qu'il ait voulu les excepter de ses vues d'amélioration, d'autant qu'il n'ignore pas qu'ils y gémissent encore plus que tous les autres sous le poids de l'avilissement le plus complet. Loin de regarder cette exception comme réfléchie de sa part, elle me semble plutôt un appel général à tous les Imprimeurs de l'Empire, afin de provoquer, s'il est possible, de tous les points de la France, des Représentations sur *l'urgence de réhabiliter* une Profession qui intéresse aussi essentiellement *l'ordre public* et *les bonnes mœurs*. S'il parvient à sauver du naufrage celles des Maisons qui ont été assez heureuses, jusqu'à présent, pour résister à la tempête, de quelles obligations ne lui seront-elles pas redevables ?..... Puissent ses vœux réunis à tous ceux qui, comme lui, *s'honorent encore du titre d'Imprimeur*, être exaucés !.... Puisse la voix de cette multitude de familles éplorées être enfin entendue du Chef de l'État !....

En attribuant à l'exemple de *certains Commerçans* les faillites qui affligent la Librairie et l'Imprimerie, M. STOUPE a, suivant moi, commis une erreur. Il n'y a aucune analogie à établir ici, et toute comparaison devient inadmissible, *les Commerçans* dont parle mon Confrère ayant fait, la plupart, une *spéculation* de leurs banqueroutes pour arriver *plus directement* à la fortune. Aussi les voit-on assez communément insulter à leurs créanciers par un luxe qui dévoile leur culpabilité. Dans la Librairie et l'Imprimerie, au contraire, ceux qui ont été assez malheureux pour déposer leur bilan, n'y ont été contraints que par la stagnation complète de leur état, et après une lutte continuelle et des sacrifices énormes (1), toujours dans l'espérance qu'un

---

(1) Les ventes à l'encan des fonds de Librairie qui se font journellement à Paris et ailleurs, en offrent une preuve sans réplique.

jour plus heureux luiroit enfin, et s'opposeroit à l'écroulement dont ils se voyoient menacés. Mais, hélas ! beaucoup d'entre eux ont été forcés de succomber avant le moment qui leur auroit rendu le bonheur.

Examinons quelle est à présent la position de ces malheureuses victimes...... Les voit-on occuper des lambris dorés où se faire traîner dans des chars somptueux ?.... Non, sans doute. Une vie languissante, la médiocrité la plus étroite, les horreurs du désespoir ou ses suites effrayantes, voilà le partage de ces infortunés, dans les Départements comme dans la Capitale ; voilà la récompense d'*études soignées* et de *veilles innombrables* pour faire paroître avec éclat le *flambeau précurseur de toutes les Sciences*, par les secrets magiques de l'*Art des Arts*, sans lequel il se seroit encore écoulé bien des siècles avant que les Nations policées aient pu nombrer parmi elles autant de Savants et autant de Héros..... Ce sont là de ces vérités qu'il n'est plus permis de déguiser ni de taire pour distinguer le *malheur* de l'*improbité*.

A l'appui de cette assertion, reportons-nous vers des temps plus reculés Depuis l'origine de l'Imprimerie jusqu'à présent, cette Profession a-t-elle donné naissance à ces *fortunes colossales* ?..... Elle a créé beaucoup de Savants : *où sont les Crésus?*... M. STOUPE en convient lui-même. C'est donc sans un examen bien approfondi qu'il a rangé sur la même ligne les événements désastreux arrivés à plusieurs Imprimeurs et Libraires *par la force des circonstances*, et ceux *médités*, *préparés* par ces Commerçans sans honneur et sans foi, pour dépouiller, avec connoissance de cause, ceux dont ils ont su usurper la confiance. *Tous*, à la vérité, n'ont pas été *criminels*; aussi n'entends-je parler ici que de ces hommes qui, après leurs banqueroutes, se gorgent, avec impunité, du fruit de leurs vols et de leurs brigandages.

Les malheurs de l'Imprimerie et de la Librairie proviennent, par conséquent, d'une cause toute différente. Cette cause motrice, la seule véritable et constante, où prend-elle sa source ? Dans *l'anarchie* qui s'est introduite dans cette Profession. Les

Départemens en ont d'autant mieux ressenti les funestes effets, qu'ils sont les endroits que se sont principalement choisis l'*ignorance* et l'*ineptie* pour s'y montrer avec le plus d'assurance, ou, pour mieux dire, avec le plus d'effronterie ; et, certes, l'homme éclairé n'est pas à s'en convaincre. Je reviens à l'objet principal que je me suis proposé.

DISTINCTIONS

Dont jouissoient autrefois la Librairie et l'Imprimerie.

Avant la découverte de l'Imprimerie, les Libraires, qui n'étoient autre chose que des Écrivains, et qu'on appelloit *Stationarii*, dépendoient absolument de l'Université ; ils étoient totalement soumis à sa Jurisdiction. Les Libraires en étoient *Officiers* et *Suppôts*, et jouissoient des mêmes privilèges, franchises et exemptions que les *Docteurs*, *Régents*, *Maîtres* et *Ecoliers*. L'Université seule, d'après le droit que lui en avoient accordé les Rois, instituoit et créoit elle-même les Libraires.

Elle leur donnoit des Réglements et des Statuts qu'ils étoient obligés d'observer. Ils n'étoient reçus qu'après une attestation de bonne vie et mœurs, et sur-tout de *capacités suffisantes*. Ils étoient soumis à la correction de l'Université qui pouvoit les punir par amende, et même les déposer de leur état, s'il y avoit lieu. *Nul également ne pouvoit s'immiscer dans la vente des Livres* sans une permission *ad hoc*. Les Lettres de Charles VI, du 20 Juin 1411, étoient tellement précises sur ce dernier article, qu'il s'y servit de son autorité royale par ces expressions : *Que nul ne soit si osé, ni si hardi*, etc.

Les Libraires, en outre, étoient liés par un serment inscrit au Livre Rectoral, et ainsi conçu : *Vos jurabitis, quod fideliter et legitimè habebitis Libros venales, recipiendo, custodiendo, exponendo et vendendo eosdem. Item jurabitis*, etc. etc.

Pendant tout le temps que la Librairie n'a consisté qu'en *Livres écrits à la main*, telles furent les règles auxquelles elle a été assujettie, et les *prérogatives* dont jouissoient ceux qui l'exerçoient alors. Tous les Libraires étoient des hommes qui avoient fait preuve de *talents* et d'*érudition*.

~~~~~~~~~~~

En 1440, l'Imprimerie fut inventée par *Guttemberg*. D'abord elle ne consistoit qu'en certaines planches de bois sur lesquelles il grava *à rebours* et *en relief*. La Gravure sur le bois, la pierre et les métaux, beaucoup plus ancienne que l'Imprimerie, semble avoir préparé cette découverte. D'après tous les Auteurs qui ont écrit dans ce temps-là, il n'y a même pas de doute que c'est elle qui en a fourni la première idée à *Guttemberg*. Cet homme célèbre qui sentit bien que son travail étoit imparfait, s'appliqua à le perfectionner; mais les difficultés qu'il rencontra sans cesse épuisèrent tellement sa fortune, qu'il se vit sur le point de renoncer à son entreprise. Avant de le faire, il crut néanmoins devoir communiquer son secret à plusieurs personnes qui l'aidèrent de leurs conseils et de leur argent, et notamment *Jean Fust*. A force de réfléchir, ils parvinrent d'abord à diviser les Lettres les unes d'avec les autres, sans toutefois arriver à une proportion égale et convenable, et sans pouvoir encore offrir quelque chose de parfait et de régulier. Ce fut alors que *Schoiffer*, homme ingénieux et actif, qui avoit pénétré une partie du secret, après l'avoir profondément médité, trouva les moyens de tailler des poinçons, frapper des matrices, etc. etc. et se rendit enfin *l'Inventeur et le Père* de la véritable Imprimerie, en conservant néanmoins à *Guttemberg* le mérite de sa première découverte.

Plusieurs Villes se disputèrent long-temps l'honneur de cette Invention; mais on ne peut réfuter aujourd'hui que c'est dans la ville de Mayence, où habitoient *Guttemberg*, *Jean Fust* et *Schoiffer*, qu'elle a pris naissance, et que c'est à ces trois illustres Personnages que nous devons un Art qui, comme le dit très-bien M. *Fournier Père*, Fondeur, dans son Manuel Typographique, *a été donné aux hommes pour diminuer leurs peines, soulager leur mémoire et leur procurer la facilité de se communiquer réciproquement leurs pensées, sans trop de soins ni de dépenses.*

La société qui existoit entre *Guttemberg*, *Fust* et *Schoiffer*, ayant été dissoute, leur secret disparut avec cette dissolution. Bientôt après cet Art se dispersa dans les principales villes de l'Europe ; et Strasbourg qui s'étoit déclarée la rivale de Mayence, n'est réellement que la première Ville qui se procura la jouissance de cette précieuse et admirable Invention. *Jean Mentell*, en 1466, eut l'honneur d'y faire paroître le premier Livre intitulé : *Biblia Germanica*; format in-f°.

L'Université de Paris, dont les Membres n'avoient pas de sollicitude plus grande que de propager les Sciences et les Arts, s'empressa également de fixer au sein de la Capitale celui qui devoit illustrer tous les autres. Elle parvint, d'après les soins de *Guillaume Fichet* et *Jean de Lapierre*, Docteurs en Sorbonne, d'y faire arriver *Ulric Gering* avec ses deux associés, *Martin Crantz* et *Michel Friburger* qui établirent leurs Presses dans une des salles de la Sorbonne. Les Epitres de *Gasparin*, le *Florus*, le *Salluste* sont les premiers Ouvrages qu'ils mirent au jour en 1470, 1471 et 1472.

L'Imprimerie, par les soins de l'Université qui en étoit la boussole, ne tarda pas à se multiplier dans Paris, ainsi que dans les principales Villes de la France (1). Les Personnes qui se consacrèrent à l'exercice de cette nouvelle Profession *qui exigeoit également des talents et des lumières*, furent admises, comme les anciens Libraires, à jouir des mêmes Privilèges et des mêmes Prérogatives. Lors de l'Edit de Création des Corps et Métiers, on voulut y comprendre les Imprimeurs-Libraires ; mais, sur leurs représentations, il intervint ausssi-tôt un Arrêt du Conseil d'Etat qui les en exempta et les confirma de nouveau dans leurs droits ; ils furent même rayés, en 1594, des rôles pour le joyeux avénement à la couronne. En 1651, un nouvel Edit les confirma encore dans les exemptions de Taille, Aydes, Subsides, Impositions et Levées de deniers, Logemens de gens de guerre, *Committimus*, Tutelles, Curatelles, etc. etc.

Toutes ces distinctions particulières annoncent de *quel degré de considération*

---

(1) C'est en 1499 que *Pierre Asselin* établit à Orléans la première.

jouissoient ceux qui s'étoient livrés à l'Etude de la *Biblio - Typographie*, et indiquent en même-temps, d'une manière bien précise, que cet Art *ne pouvoit et ne peut encore* s'exercer qu'après des *Études soignées* et une *Éducation* relative au rang qui lui a été assigné dans la Société.

Il étoit, sans doute, impossible, et jamais on n'a pu exiger d'un Imprimeur-Libraire qu'il *connût à fond toutes les Sciences* dont la publicité étoit confiée à ses soins. Mais, en lui imposant les conditions de *savoir le Latin*, et au moins *lire le Grec*, on sent qu'on désiroit n'y admettre que des hommes instruits, qui, par leur genre d'Etudes, pouvoient, sinon marcher de front avec les premiers Savans, du moins leur offrir une assurance flatteuse dans l'Impression des Manuscrits qu'ils leur confioient. Et, en effet, en ouvrant la liste de tous les Imprimeurs qui se sont livrés à l'Etude des Langues, et qui s'y sont illustrés ; en citant les noms des *Elzevirs*, des frères *Etienne*, des *Lallemand*, des *Felix Faulcon*, des *Debure*, des *Barbou*, des *Didot*, et d'une foule d'autres Imprimeurs - Libraires à chacun desquels je désirerois rendre un hommage particulier, je pense ne pas trop hazarder de dire que presque tous étoient dignes de l'estime de ces grands Littérateurs qui ont honoré leurs Presses des Productions de leur génie ; enfin, que c'est à leurs lumières et à leurs connoissances particulières que plusieurs ont dû les emplois honorables auxquels ils ont été appellés, même dans les différentes parties de l'Administration publique.

CAUSES PRINCIPALES

De l'Anéantissement de l'Imprimerie et de la Librairie.

La Librairie et l'Imprimerie, comme je l'ai déjà fait connoître, avoient des Statuts et des Réglements distincts et séparés des autres Corps et Métiers. *Confondues* au moment où des secousses politiques vinrent changer de face tout ce qui étoit organisé, *cette confusion* agit plus fortement sur elles que sur les autres Arts Libéraux. Sans doute, le Tems qui enfante les abus, en avoit également introduit dans cet Art comme dans toutes les autres branches sociales, et une régénération sagement combinée, pouvoit, en effet, lui être nécessaire : mais une fois la détente lâchée, la prévoyance humaine se trouve constamment en défaut; alors, dans un tel état de choses, les événemens ressemblent assez aux flots d'une mer orageuse qui se pressent tumultueusement avant de reprendre leurs mouvemens naturels.

Aujourd'hui que tout concourt à rétablir l'ordre et le nivellement; aujourd'hui que tout se porte vers l'unité d'action, espérons qu'un Gouvernement sage et fort, dont les actes tendent à réparer les écarts de l'effervescence; espérons, dis-je, que le Gouvernement se distraira un instant de ses grands travaux pour s'occuper de l'*Organisation* d'une Profession aussi utile à l'Ordre Social. A mon égard je suis convaincu que lorsqu'il sera instruit de la prolongation du désordre qui y règne, comme des dangers qui en résultent sous tant de rapports, il ne tardera pas à répondre aux vœux de cette multitude de familles qui languissent dans le
silence

silence, n'ayant devant elles que le présage du plus funeste avenir. Pour obtenir cette faveur, il faut donc ne pas craindre de découvrir la plaie, afin d'obtenir les moyens de la cicatriser.

Un Arrêt du Conseil du 31 Mars 1739, fixa à *deux cent trente-quatre* le nombre des Imprimeries dans toutes les Villes du Royaume, y compris l'Imprimerie Royale et celle de la Loterie. Le même Arrêt en supprima *quarante-six* qui s'étoient élevées dans plusieurs petites Villes éloignées de la surveillance de l'Autorité à laquelle cette Profession étoit soumise. Les motifs de ces *suppressions* et de cette *fixation définitives* sont exprimés dans les Considérants de cet Arrêt, de manière à ne pas laisser de doute sur la sagesse de leur rédaction.

Une déclaration du Roi du 23 Octobre 1713, art. 6, obligeoit les Imprimeurs d'avoir au moins *quatre Presses montées et neuf sortes de Caractères romains avec leurs italiques*. Chaque Caractère devoit être dans le cas de composer *trois feuilles* d'impression, c'est-à-dire, 48 pages, en prenant pour base le format in-8°. Les Hommes-de-Lettres et les Personnes qui ont occasion de faire imprimer souvent, se pénétreront facilement de l'importance de ces mesures. Si elles n'eussent pas été adoptées, comment un Imprimeur auroit-il pu faire le service des Autorités locales et du Public?

Deux cent trente-quatre Imprimeries obligées d'avoir chacune quatre Presses, offrent donc un total de neuf cent trente-six Presses. Comme chaque Imprimerie en a toujours une, parmi les quatre, consacrée aux *Épreuves* et presque continuellement en repos, alors je n'en n'augmenterai pas le nombre, quoique beaucoup d'Imprimeurs à Paris comme dans d'autres grandes Villes en eussent d'avantage. D'après ce calcul, il est certain que neuf cents Presses environ suffisoient pour faire le service de la France entière.

Dans les premières années de la révolution, les Impressions se sont-elles multipliées au point d'avoir nécessité, en très-peu de temps, l'établissement de *huit cents* Imprimeries dans Paris, *au lieu de trente-huit*, et d'un nombre *aussi disproportionné* dans les Départemens ? J'ose affirmer le contraire, et soutenir que cette quantité de *Placards*, cette foule de *Journaux* et une infinité d'autres *Ouvrages éphémères*, ne remplacèrent pas le vide que laissa tout-à-coup l'absence de la Littérature. Pendant quelques instans, les Imprimeurs occupés par le Gouvernement ou les Administrations locales, augmentèrent, à la vérité, le nombre de leurs Presses ; mais cette augmentation n'a jamais pu compenser les autres Ouvrages qui cessèrent au moment où les Hommes-de-Lettres ne songèrent plus qu'à leur propre conservation. Les *Livres d'Église* et de *Jurisprudence* laissèrent également une lacune d'autant plus considérable sur tous les points de la France, qu'il est de fait qu'*eux seuls* employoient plus d'un quart des Presses dans tout le Royaume. Il est encore notoire qu'à l'époque des années 1789 et 1790, par un mouvement spontané, le tiers de nos Ouvriers courut aux armes, et préféra l'éclat des camps à la tranquillité de nos ateliers ;

et comme, dans l'Imprimerie, un Ouvrier, soit *à la Casse*, soit *à la Presse*, n'est pas du genre des *cryptogames*, et ne se forme pas en une seule nuit, la *diminution de bras* confirme pleinement celle du travail. Que peut-on objecter à des faits? Il est donc certain que l'activité constante de l'Imprimerie n'a plus été la même ; qu'elle s'est totalement éclipsée depuis ces époques désastreuses ; qu'en un mot, ce qui a paru étonnant à tant de personnes qui n'ont l'habitude que de lire les affiches au coin de la rue, n'étoit réellement qu'un prestige.

D'après ce, dira-t-on, comment se fait-il qu'il se soit élevé une si grande quantité d'Imprimeries ; et quels peuvent être les moyens d'existence de leurs Propriétaires?... Il ne faut pas être un *Œdipe* bien exercé pour démontrer le sens mystérieux de cet Enigme.

Au moment où la *licence* défigura toutes les Institutions, les Fondeurs en caractères d'Imprimerie furent les premiers qui détruisirent *ce Phare* qui portoit au loin la lumière. En divisant à l'infini ses rayons, ils diminuèrent sensiblement son foyer, sans penser qu'il n'avoit de puissance que par la réunion de ses feux combinés. Les *Imprimeries portatives* qu'ils vendirent avec profusion, furent, sans contredit, les premiers coups de massue qu'ils portèrent à une Profession qui soutenoit leurs Fonderies depuis leur création. Qui a *le moins* désire avoir *le plus*. En effet, celui qui s'étoit procuré des Caractères pour *composer une Page*, s'empressa bientôt, d'après la facilité qui lui étoit offerte, de s'en procurer *pour en composer deux, quatre* et ainsi de suite. Alors, au lieu d'*idées de simple amusement* que ces petites Imprimeries présentèrent d'abord, elles finirent par inspirer des *idées spéculatives*, et ne tardèrent pas à enlever aux anciennes Imprimeries cette multitude de petits canaux connus sous le mot technique de *bilboquets*, ou, pour me faire mieux entendre, d'*Ouvrages de Ville* tels que *Billets de Mariage, de Décès, Cartes, Affiches, Billets à la main*, etc. etc. La confection de ces différens objets fournissoit à l'Imprimeur un *aliment journalier* qui le mettoit à même d'entreprendre, soit pour son compte, soit pour celui des Auteurs, des

Editions de longue durée. Ces ressources lui ayant été ravies par ce premier acte de *licence* et d'*irréflexion* de la part des Fondeurs, dont plusieurs même levèrent des Imprimeries dès l'origine de ce désordre, alors le mal fut toujours croissant, et toutes les Imprimeries de la fixation de 1739 et années antérieures, perdirent aussi-tôt le principal lévier qui les faisoit mouvoir.

Plusieurs Libraires mettant aussi de côté *les Réglements* qui leur étoient *spécialement assignés*, profitèrent à leur tour de ce moment pour lever des Imprimeries, quoique beaucoup d'entre eux n'en connussent pas les premiers éléments; mais en *attirant les Ouvriers*, en leur présentant des *avantages momentanés*, comme avoient fait tous ceux qui en avoient déjà établies, ils crurent que les bénéfices qui en résulteroient les dédommageroient amplement de leurs nouvelles entreprises : ils ne réfléchirent pas, la plupart, que pour conduire avec fruit une Imprimerie, il faut avoir passé *par la filière de l'expérience*, sans laquelle la surveillance la plus active est toujours en défaut, dans cette Profession comme dans toutes celles que l'on n'a pas exercées par degrés. Qu'en est-il résulté ?... Un grand nombre ont été obligés de quitter la partie et de revenir aux anciens Imprimeurs. Ce retour ne s'est pas opéré, comme on doit bien le penser, sans avoir préalablement fait éprouver à ces derniers un tort considérable.

Lorsque la France se trouva inondée de Journaux qui disparoissoient presque aussitôt qu'ils voyoient le jour, chaque Journaliste voulut encore avoir son Imprimerie. Une ou deux Presses, un seul Caractère suffirent pour satisfaire cette première ambition. Abandonnés de leurs Souscripteurs, ils se replièrent ensuite sur la partie *des Romans*, le tombeau de la Littérature et du bon goût, où plutôt le germe de la corruption et du scandale..... J'ai voyagé avec plusieurs Imprimeurs de cette trempe qui ne purent jamais m'indiquer où se trouvoit placé, dans une Casse, le *Cassetin aux Cadrats*.

Plusieurs *Fondeurs*, plusieurs *Libraires* et presque *tous les Journalistes* ayant établi des Imprimeries, les *Ouvriers Imprimeurs* cherchèrent aussi à jouir du même avantage ; ils le firent avec d'autant plus de facilités, que, lors de la vente de l'Imprimerie des Assignats, des Presses de 4 à 500 livres se donnèrent pour 80 et 100 livres; que les Fontes y éprouvèrent le même rabais, etc. etc. En perdant de vue *les motifs de sagesse qui dictèrent l'Arrêt de* 1739*, et tous ceux qui avoient été rendus antérieurement et depuis* pour maintenir la police dans l'exercice d'un Art qu'on ne pouvoit laisser livré à lui-même sans un danger d'autant plus grand qu'il échappoit à la pénétration du plus grand nombre, il semble naturel de penser que les Ouvriers avoient plus de droits que qui ce soit, à jouir de ce moment d'anarchie pour exercer cette Profession *comme Titulaires*, sur-tout après s'y être consacrés dès l'enfance. Sans doute que parmi ces Ouvriers il y en avoit plusieurs qui s'en trouvoient dignes, sur-tout parmi les *Protes* ou *Directeurs d'Imprimerie ;* car c'est toujours avec une satisfaction bien douce que je me rappelle les *dix années* que j'ai passées avec eux, *en qualité de simple Ouvrier,* pour

puiser à leur école le peu de connoissances que j'ai pu y acquérir..... Hé bien ! *excepté ceux qui étoient dans le cas de diriger une Imprimerie* et qui réunissoient les talents requis ; je le demande aux autres : à l'instant où l'Imprimerie *étoit régularisée par un Code particulier et nécessaire*, aucun d'eux eût-il été dans le cas de se présenter à un *Concours* pour y disputer une *place vacante* et y subir les *examens prescrits* ? S'ils sont de bonne foi, ils me diront tous que *non :* « que
» tel pouvoit être un *excellent Composi-*
» *teur*, et ne rien connoître à *la partie*
» *de la Presse ;* que *le Pressier*, par la
» même raison, qui savoit bien *imprimer*
» *un Ouvrage*, n'étoit pas dans le cas d'en
» *composer une seule ligne ;* qu'en der-
» nière analyse, *ce n'étoit et ce n'est*
» *encore* que par la réunion de connois-
» sances approfondies dans ces deux parties,
» et APRÈS DES ETUDES SOIGNÉES, qu'on
» pouvoit et qu'on peut être à la tête d'une
» Imprimerie ; que sans *ce faisceau de ta-*
» *lents*, quiconque ose se dire IMPRIMEUR
» en impose à sa conscience et trompe le
» Public. »

C'est néanmoins de cette manière que s'est disséminé sur tout le sol de la France, dans les Villes comme dans les Villages (1), cet *essaim* d'Entrepreneurs d'Imprimeries. C'est ainsi que beaucoup de ces nouveaux Imprimeurs ont usurpé dans plusieurs endroits, en raison du talisman de cet Art, une confiance non méritée. J'en appelle à ceux qui la leur ont accordée, ou qui s'y sont laissé surprendre ; j'en appelle encore à ces Imprimés sortis de semblables Presses, *sans avoir passé à la correction d'une plume complaisante.*

A l'égard des moyens d'existence de ces nouvelles Imprimeries, il est essentiel que l'on sache ce qu'elles sont, comment elles sont composées et quelle espèce de garantie elles présentent à l'Etat. On se ressouvient que *la plus foible* de celles autorisées autrefois par les Lois, et d'après les formes voulues, devoit avoir *quatre Presses* et *neuf Caracteres* au moins. Ces Imprimeries coûtoient à leurs Propriétaires 12 à

---

(1) Il en existe une à Dommerville, entre Méréville & la terre de M. Roland-Chambaudouin, dans un Hameau composé de dix à douze feux.

15,000 livres à établir. Celles dont je parle ici coûtent à peine 800 livres; il y en a même d'un prix beaucoup plus inférieur. Ne pouvant entreprendre *des volumes ;* ces nouveaux Imprimeurs se sont attachés à se procurer les Ouvrages de ville, ainsi que je l'ai annoncé plus haut, à la faveur d'un rabais sur *les prix reçus*; tous les calculs pour *les étoffes* leur étant aussi étrangers que la Profession qu'ils embrassoient. C'est ainsi que les anciennes Imprimeries se sont vues transportées peu-à-peu sur une terre sans végétation, dont l'aridité s'est encore fait beaucoup plus ressentir pour les Départemens que pour la Capitale.

Mais pourquoi m'appesantir sur les effets d'un semblable désordre? J'ai détruit le Sphinx, et je n'ai ici d'autre dessein que celui de démontrer au Gouvernement combien il est urgent d'arrêter cette anarchie pour conserver la prééminence que l'Imprimerie de France avoit sur celle de toutes les autres Nations. On sait que si l'exportation des Livres y étoit jadis une des plus belles branches de l'Industrie, c'est que les Etrangers étoient assurés que *l'Instruction* et *les Talents* des Imprimeurs rivalisoient avec le mérite intrinsèque des Ouvrages. Soutenir l'honneur de la Nation ; purifier l'Art des éléments hétérogènes qui le corrompent ; chasser le frêlon de la ruche ; cette tâche est digne du Héros régénérateur qui confond dans ses sollicitudes la prospérité des Français, le progrès des Arts et la gloire nationale.

L'Imprimerie dans les Départements n'a-t-elle à gémir que sur ce qu'elle éprouve par tout ce que je viens de dire ? Il est un autre système qui lui est aussi préjudiciable, et qui la frappe directement. Je sens bien que l'article que je vais traiter blessera *quelques intérêts particuliers ;* mais lorsque *ces intérêts* sont dans le cas de *ruiner, pour toujours*, deux cents Familles qui n'ont que leur état pour se soutenir ; lorsque le Gouvernement protège et voit du même œil toutes les classes des Citoyens ; lorsqu'il annonce à toutes, sûreté et affection paternelle, saura-t-il mauvais gré à l'un des Chefs de ces mêmes Familles, de faire entendre leurs plaintes et de déposer dans son sein les vives inquiétudes qu'elles conçoivent à tant de titres?..... Quand on connoît l'esprit du Régulateur de la France, toute crainte devient foiblesse. Lui présenter les moyens de calmer leurs alarmes, et de rendre à l'Imprimerie son lustre et sa splendeur, c'est remplir les vues qu'il a lui-même sur la grande Nation ; c'est arriver directement à son cœur..... J'oserai donc m'expliquer avec franchise.

Excepté l'Imprimerie du Gouvernement et celle de la Loterie, *la confiance des Administrations se reportoit autrefois, à Paris,* comme l'annonce M. STOUPE, *sur ceux des trente-six autres Imprimeurs qui l'avoient obtenue.* D'après ce principe d'équité, les Imprimeries des autres Villes de France se ressentoient de cette répartition de travail, par les *réimpressions* qui avoient lieu dans chaque Généralité et Intendance, en nombre proportionné à la population et aux besoins respectifs des différentes localités. Par ce moyen, *depuis la Papeterie jusqu'à la Reliûre*, chaque état avoit sa part du Labeur, et l'activité se maintenoit sur tous les points. Aujourd'hui les choses ont pris une autre direction. Le Gouvernement a-t-il fixé auprès de lui une branche essentielle de son Administration, aussi-tôt une Imprimerie y est attachée : tout découle de cette Imprimerie, et chaque Administration secondaire est obligée de s'y adresser pour s'y fournir de ce dont elle a besoin.

Je suis convaincu qu'un Gouvernement tel que le nôtre, dont les vues sont aussi grandes dans tout ce qu'il embrasse, n'est point instruit de pareils abus. Son dessein, à coup-sûr, n'est pas de circonscrire dans un seul bassin la source de l'Industrie. Comment se fait-il donc que tout se centralise aujourd'hui dans la Capitale, dans l'Imprimerie comme dans tous les autres Etats, au préjudice du plus grand nombre ? Je pourrois, sans doute, citer beaucoup de faits; mais je ne parlerai ici que du *Cathéchisme à l'usage du Culte Catholique*.

Point de doute qu'un seul *Cathéchisme* pour toute la France ne soit d'une belle conception, et ne présente, par son uniformité, une utilité inappréciable pour cette

Religion. Mais qu'une seule Imprimerie soit chargée de l'imprimer et de le distribuer sur toute la surface de l'Empire, c'est ce qu'il est difficile, pour ne pas dire impossible de concevoir, sur-tout d'après la variété des idiômes et l'immensité de la Population......

On compte en France une Population de trente millions d'habitans. Réduisons-là à vingt-cinq millions, en raison des autres Cultes qui y sont exercés. La vingt-cinquième partie certainement se trouve dans le cas de faire usage de ce *Cathéchisme*. Commettra-t-on une légèreté en affirmant que cette vingt-cinquième partie qui n'a point encore atteint l'âge de l'adolescence, et par conséquent celui où l'on conserve avec le plus de soin les choses, aura besoin de se renouveller de ce premier *Livre de l'Instruction Chrétienne*, au moins une fois dans l'année ?.... Si ce calcul m'est accordé, c'est deux millions d'exemplaires qu'il faudra tous les ans. *Raisonnons maintenant typographiquement.*

En admettant que le *Cathéchisme* contienne cinq feuilles d'impression, il faudra dix Presses régulièrement occupées et sans aucunes lacunes dans leur travail, pour en avoir tous les jours deux mille exemplaires. En décuplant *la Composition et les Presses*, il est certain que l'Imprimeur qui est chargé de cette entreprise, pourra, en deux mois, suffire aux besoins de toute la France, si néanmoins il a pu se procurer de suite, *le papier nécessaire*, ce qui n'est pas si facile, puisqu'il est vrai qu'il en faut mille rames pour cent mille exemplaires. Hé bien ! où conduit cette manière d'opérer ? On enrichit celui qu'on veut favoriser, mais on ruine, dans chaque Département, toutes les Imprimeries chargées autrefois de cette nature d'Ouvrage, ainsi que les *Papeteries* qui avoient l'habitude de les approvisionner. S'il en est ainsi de tous les autres Livres de *Lithurgie*, tous les anciens Imprimeurs des Evêchés peuvent s'adresser *à l'épicier* pour la vente de leurs fonds de magasin, sans espoir de se dédommager de leurs pertes par *une réimpression partielle* qui va leur être totalement enlevée. Je ne crains point d'être accusé de parler ici pour moi : je n'ai jamais imprimé pour l'Evêché de mon ancien Diocèse ; ni mes Presses, ni celles de mes Pères n'ont été employées par aucun Evêque, depuis la mort du Cardinal de Coaslins.

Si c'est d'après cette centralisation destructive des Imprimeries dans les Départements, que M. STOUPE fixe à *cinquante* le nombre des Imprimeurs de Paris, au lieu de *trente-six* qu'ils étoient aux plus beaux jours de cet Art, il se trompe d'une manière bien étrange; car, les Imprimeries des autres Villes se détruisant totalement par ces faveurs particulières qui concentrent l'universalité des Impressions dans la Capitale, alors il doit augmenter la Communauté qu'il propose de former, au *prorata* de cette destruction qui tend de plus en plus à se réaliser parmi nous. Je ne pénétrerai pas les raisons qui l'ont empêché d'entrer dans de plus longs détails sur les motifs de *cette fixation EN PLUS*, lorsqu'il est constant qu'elle doit être évidemment *EN MOINS* *dans nos Départements*. Quant à moi, persuadé que l'Imprimerie n'est plus ce qu'elle étoit, *et qu'elle ne le sera de long-temps*, j'ose affirmer que si les Personnes qu'on m'a

C

dit être chargées de présenter au Gouvernement un projet de travail pour son Organisation générale, prennent pour base de la répartition à faire dans les autres Villes, *celle présentée pour Paris par mon Confrère;* je suis persuadé, dis-je, qu'on ne leur a pas présenté notre véritable situation. Lorsque l'œil plane habituellement sur un horison qui n'offre que des masses riantes et fécondes, il en conçoit difficilement un autre qui ne présente que de vastes déserts. Tel est cependant le point de vue du tableau des Imprimeries de Paris, comparées avec celles du reste de l'Empire.

Il y auroit encore beaucoup à dire sur les *Causes de l'Anéantissement de l'Imprimerie;* mais mon intention n'étant pas de présenter un volume, je parcourerai, avec la même rapidité, *celles qui ont paralysé la Librairie.* Les désordres de l'une ont fait naître les désordres de l'autre : tous les vices se touchent, et leur cohérence est la même, n'importe de quel côté on veuille les considérer.

On se ressouvient qu'avant la découverte de l'Imprimerie, les Libraires ou les *Stationarii* étoient des hommes de mérite que l'Université protégeoit et avoit admis au nombre de ses Suppôts ; que les Imprimeurs et les Libraires furent soumis ensuite à des Réglements communs, et qu'on exigeoit d'eux *même instruction* et *même capacité*. L'Edit de Charles IX, du mois de Mai 1571, article 20, vouloit « qu'aucun individu ne
» puisse tenir une Imprimerie ou *Boutique*
» *de Librairie*, qu'après avoir fait un ap-
» prentissage pendant le temps et espace
» de *quatre années* entières et consécutives,
» et servi les Maîtres en qualité de compa-
» gnon, au moins *durant trois années* après
» le temps de son apprentissage achevé ;
» qu'il ne soit *congru en Langue Latine*,
» *et qu'il ne sache lire le Grec* (1),
» dont il étoit tenu de rapporter un certi-
» ficat du Recteur de l'Université ». Le Réglement de 1649, l'Arrêt du Conseil du 14 Février 1667, l'Edit d'Août 1626, enfin le Réglement de 1723, contenoient les mêmes dispositions.

---

(1) Sans cette disposition, comment un Libraire analyseroit-il le titre d'un Ouvrage écrit dans l'une de ces deux Langues ?

» Défenses étoient également faites à toutes
» Personnes, de quelque qualité et condi-
» tions qu'elles fussent, *autres que les*
» *Libraires et Imprimeurs*, de faire le
» commerce de Livres, en vendre et dé-
» biter aucuns, les faire afficher pour les
» vendre en leurs noms, soit qu'ils s'en
» disent les Auteurs ou autrement; tenir
» Boutique ou Magasin de Livres; acheter
» pour revendre en gros et en détail, en
» chambre et autres lieux, même sous pré-
» texte de les vendre à l'encan, à peine de
» *cinq cents livres d'amende, de confis-*
» *cation et de punition exemplaires* ».

» Il en est de même *des descriptions et*
» *prisées de Bibliothèques et Cabinets de*
» *Livres*, à peine de nullité desdites des-
» criptions et prisées, et de même amende
» contre les contrevenants. Tout *Huissier-*
» *Priseur* qui procédoit à une vente de Li-
» vres sans l'assistance de Libraires; tout
» *Notaire* qui recevoit les prisées faites par
» autres que par eux, étoient condamnés à
» la même amende. Les étalages de Livres
» étoient aussi prohibés avec la même
» rigueur ».

Quel pouvoit être l'esprit de semblables Réglements, et pourquoi cette surveillance continuelle depuis plusieurs siècles ?.....
Pour maintenir la sûreté de l'Etat, celle des Particuliers et des bonnes-mœurs ; pour conserver *cette prééminence de l'Imprimerie et de la Librairie de France* sur celles des autres Nations de l'Europe. C'est par cette surveillance qu'on écarta les pamphlets et les libelles ; c'est par cet esprit d'ordre et cette police active sur une Profession dont les abus pouvoient être d'un danger incalculable, qu'on protégea les bonnes-mœurs et qu'on garantit le Gouvernement comme les Particuliers, des coups que pouvoient leur porter leurs ennemis respectifs ; enfin c'est à cette prévoyance soutenue et à cette sagesse protectrice de l'*Art* des *Arts* qu'on doit ces précieuses Editions qui ont immortalisé leurs Coopérateurs.

Si le nombre des Libraires ne fut pas déterminé comme celui des Imprimeurs, les formalités à remplir pour en obtenir la qualité empêchoient au moins l'ignorance d'y parvenir. Il faut avouer cependant qu'il y a environ trente ans on autorisa, par des brevets particuliers, plusieurs *Colporteurs* et *Porte-malles* à vendre des Livres et à tenir boutique; mais le repentir ne tarda pas à suivre ce moment d'oubli et de relâchement de la part de l'Autorité.

Lorsque les Réglements furent méconnus, lorsque l'anarchie s'empara tout-à-fait de cette Profession comme de l'Imprimerie, ce fut alors que la confusion devint générale, et que chacun voulut se mêler de ce commerce, quoiqu'il ne ressemblât en rien aux autres, tant par sa nature que par les qualités essentielles qui doivent constituer le Libraire. C'est ainsi qu'on vit s'élever cette multitude de boutiques et d'échoppes dont les propriétaires, pour la plupart, n'avoient pas la première notion du nouvel état qu'ils embrassoient, et, ce qui paroîtra bien singulier, *ne savoient pas même signer leurs noms.*

La lecture de Catalogues avec des prix hazardés ou de pure fantaisie; la fréquentation des ventes à l'encan; la facilité de se procurer sur les Livres *la remise* qui n'étoit due qu'aux Libraires ; l'idée que la Librairie étoit une mine dans laquelle ceux qui l'exploitoient trouvoient à chaque pas de nouveaux trésors ; tout cela fit abandonner par beaucoup de personnes la réalité pour courir après une fiction. Plusieurs s'empressèrent de quitter les états qui les avoient vu naître pour embrasser cette Profession, et crurent pouvoir facilement marcher de niveau avec les anciens Libraires. La chose leur paroissoit d'autant plus facile qu'elles n'avoient plus rien à craindre de ces Réglements soi-disant *ridicules, vexatoires et tombés dans le mépris.*

Dès cet instant, tous les Ouvrages dont nos Maisons avoient en magasin des Editions entières, *sous la foi de Permissions simples ou de Privilèges*, furent livrés à la cupidité de la contrefaçon : bientôt, pour accréditer ces nouveaux Etablissements et ces nouvelles Imprimeries, on mit en usage l'appât trompeur *du rabais*, afin de faire circuler plus facilement les Editions contrefaites dont l'examen le plus léger doit cependant faire appercevoir la différence d'avec les véritables ; bientôt disparut *ce beau commerce d'échange* qui rendoit en quelque sorte chaque Province le berceau de toutes les Impressions de France et même de l'Etranger ; bientôt enfin ces nouvelles Boutiques devinrent l'entrepôt général de tous les *Romanciers* pour répandre avec profusion , sur-tout parmi la jeunesse des deux Sexes , ce poison que distille la majorité de leurs productions (1).

Les ventes à l'encan présentent encore un cahos monstrueux. On a grand soin de consulter le Lapidaire et l'Orfèvre pour les diamants et les bijoux : à l'égard des Bibliothèques , le Libraire instruit n'est jamais appellé ; et la plupart des *Revendeurs* ou *Revenderesses* , chargées des ventes mobiliaires , y vendent les Livres au *mètre courant* ou au *kilogramme*. De-là ces pertes irréparables pour les *Sciences* , les *Belles-Lettres* , etc. , par la destruction des Livres rares et précieux qui s'y rencontrent presque

---

(1) La Location de Livres à l'année ou au mois, dans presque toutes les Villes, a flétri l'imagination de la classe laborieuse et peu aisée, principalement parmi les femmes : il en est peu qui n'aient un abonnement pour la Lecture.

toujours, et que l'ignorance ne sait pas distinguer.

Au milieu de tous ces désordres, on en voit encore tous les jours un autre d'un genre particulier : des hommes respectables par leur caractère, ne s'imaginant pas compromettre leur conscience, ni faire tort à à ceux *qui paient à l'Etat le droit d'exercer leur industrie*, se mêlent de faire des Catalogues et d'estimer des Bibliothèques ; plusieurs même en dirigent la vente à l'amiable, ou préposent des femmes à cet effet. Je sais bien que la morale n'a rien à craindre en pareil cas; mais combien de ces femmes, agissant ensuite pour leur propre compte, oublient les maximes de leurs Instituteurs?.... C'est pourtant ainsi que par un faux zèle, tout en voulant combattre les abus, souvent les plus sages contribuent à les accroître.

Il est sans doute affligeant d'avoir à présenter un tableau aussi hideux dans son ensemble comme dans toutes les parties qui le composent. Telle est néanmoins la véritable position de la Librairie. Ne soyons donc plus surpris de cette multitude de Catalogues au rabais, avant-coureurs ordinaires de quelques catastrophes ; de l'interruption des échanges et des communications entre tous les anciens Libraires ; de la perte de cette confiance mutuelle et réciproque ; enfin de l'avilissement de cette Profession et de la chûte des meilleures Maisons.

Mais, dira-t-on, en demandant le renouvellement des anciens Réglements, c'est demander qu'on porte atteinte *à la Liberté de la Presse?* Avant de répondre à cette question, je voudrois bien connoître la définition claire et précise de *cette Liberté* réclamée avec tant d'emphase. Est-ce violer *la Liberté de la Presse* que d'exiger, pour la garantie sociale, au bas d'un Ouvrage, le nom de l'Auteur ou celui de l'Imprimeur, si la modestie du premier l'empêche de se faire connoître?.... Est-ce violer la Liberté de la Presse que de mettre un obstacle à l'impression de ces pamphlets et de ces libelles qui peuvent troubler un Etat ou déshonorer un Citoyen?.... Est-ce violer la Liberté de la Presse que de permettre à un Auteur de faire des recherches chez celui qui lui vole la propriété de son génie ?... Regardera-t-on comme un acte de tyrannie la loi qui punira ces sortes de délits, et qui permettra d'en rechercher les fauteurs ?..... S'il en étoit ainsi, l'équilibre seroit totalement perdu ! Quoi ! vous trouverez bon qu'on punisse le voleur de vos récoltes ou de votre argent ; vous applaudirez aux poursuites et à la sévérité de la justice dans ce cas seulement, et vous crierez *haro*, lorsqu'il s'agira d'atteindre et de punir des Contrefacteurs ou des Libellistes ? Soyez donc conséquents, et n'appellez pas Liberté ce qui n'est réellement que licence et brigandage.

Le peuple véritablement libre est celui qui se laisse régir par des Lois qui tendent à sa conservation : il doit les respecter toutes s'il sait se respecter lui-même. Quiconque ne voit que ce qui lui est relatif, ne mérite aucune protection : c'est une plante parasyte qui périt sans reproduction. Que direz-vous, par exemple, d'un Gouvernement qui laisseroit exercer la Pharmacie par celui qui ne sauroit pas distinguer la guimauve d'avec le jalap, et qui vous rendroit, *par son imprévoyance*, la victime de l'ineptie ? Hé bien ! l'Imprimerie et la Librairie peuvent être assimilées à cette Profession comme à beaucoup d'autres de cette nature. Il faut être *instruit* et *éclairé* pour les exercer toutes. Les laisser livrées à elles-mêmes, laisser l'ignorance s'en emparer, c'est exposer la sûreté publique et individuelle. Il ne s'agit pas ici d'entraver le génie et les talents ; l'Empereur, lui-même, *a fait connoitre sa volonté sur la Censure des Ecrits AVANT LEUR PUBLICITÉ ;* il s'agit seulement de prévenir les désordres, de protéger et d'encourager les Arts, en leur donnant une direction combinée de manière à prévenir les atteintes qu'on voudroit porter à leurs succès et à leur prospérité.

CONCLUSION.

En parcourant les abus monstrueux que l'anarchie est parvenue à introduire dans un Art qui a fait l'étonnement de l'Univers, et qui, depuis plusieurs siècles, contribue aussi essentiellement à la gloire de la Nation Française; en exposant la situation pénible des anciennes Maisons qui l'ont exercé avec honneur, de génération en génération; en m'unissant à M. STOUPE pour seconder ses efforts et demander pour tous mes Confrères des Départements, le même acte de justice qu'il réclame pour Paris, j'ai peut-être trop écouté mon zèle et mon attachement pour ma Profession. Au surplus, comme la vérité n'a pas deux routes pour conduire à ses autels, j'ose espérer qu'on ne me saura pas mauvais gré d'avoir parcouru, avec assurance, le seul chemin qu'elle m'a tracé elle-même.

Dans la marche que je me suis prescrite, je n'ai eu d'autre intention que de démontrer les progrès que ne cesse de faire le cancer qui ravage et détruit tout ce qui peut contribuer aux succès de notre Art. Quelle main peut donc l'extirper, si ce n'est celle qui, après avoir vaincu les Nations du Nord, a mérité de leur part la qualité de L'HOMME DU DESTIN ?... Si l'on m'accusoit de vouloir attenter à la Liberté de la Presse, en provoquant un acte vexatoire, alors on ne connoîtroit ni mes principes, ni la pureté de mes sentiments.

Que la pensée ne soit donc point enchaînée ; mais que celui qui veut l'émettre librement, *en réponde à la Société* par sa signature ou par celle de celui qu'il charge de la publier. Que l'ignorance, *surtout*, soit éloignée des lieux où doivent résider l'instruction et les talents ; alors cette confiance et cette prospérité, dans chaque partie de l'industrie, reparoîtront avec éclat. Ce sont elles qui font la force des grandes Puissances et qui commandent l'amour et la reconnoissance des Peuples envers les Chefs de la suprême Autorité.

Tous les Etats, sans contredit, sont égaux dans la Balance Politique. Le Général comme le Soldat, le Charbonnier comme le Négociant ; tous sont aussi estimables les uns que les autres lorsqu'ils remplissent leurs devoirs et s'appliquent à s'attirer respectivement l'estime générale. Mais si chacun veut quitter la sphère dans laquelle il est placé pour en parcourir une autre à laquelle il est totalement étranger, alors vous ne rencontrez plus que bouleversement et confusion. En effet, enlevez d'une charrue celui qui en dirige le soc avec intelligence, pour lui confier le timon du gouvernail d'un vaisseau ; placez ensuite un timonier aux deux *mancherons* de cette même charrue abandonnée par celui qui la savoit diriger : aussi-tôt vos champs seront incultes, et votre vaisseau se brisera sur les écueils.

Que l'Imprimerie et la Librairie rentrent donc dans le cercle qui leur a été assigné; que les Hommes-de-Lettres retrouvent dans l'instruction et les talents de ceux qui se sont fait une étude et se sont consacrés à l'exercice de ces honorables Professions, la même garantie qu'ils y trouvoient jadis dans la confection et la vente de leurs Ouvrages; que personne ne puisse exercer un Art quelconque sans avoir prouvé qu'il à *toutes les connoissances et les qualités requises pour l'exercer ;* que les Propriétés Littéraires soient respectées comme toutes les autres Propriétés ; que le Gouvernement soit assuré du gage que doit lui donner celui qui invoque sa Protection pour telle ou telle Profession : l'ordre et le calme reprendront bientôt leurs droits.

Il ne m'appartient pas, sans doute, de tracer ici le mode par lequel tous ces changements peuvent s'opérer : si, néanmoins, j'avois la permission d'émettre mon opinion dans la discussion d'une organisation aussi urgente, je dirois qu'il faut nécessairement que *l'Imprimerie, la Librairie et la Fonderie* soient placées sous la surveillance spéciale d'une *Direction* et d'une *Inspection particulières*, afin d'assurer la tranquillité de l'Etat et celle de tous les Citoyens : qu'en élaguant de *l'ancien Code* tout ce qui ne doit plus convenir au Gouvernement sous lequel nous sommes placés, ce *Code* renferme tous les éléments nécessaires pour arriver à cette organisation tant désirée, sans blesser les principes de la justice distributive

ni

ni *la liberté d'émettre sa pensée.* Je dirois encore que le droit qui se percevoit pour les Brevets d'Apprentissage et de Maîtrises ; celui pour les Privilèges et Permissions simples (1), suffiront aux dépenses de la *Direction et de l'Inspection*, sans nuire à ce que chaque Titulaire doit payer annuellement à l'Etat pour son Imposition industrielle.

---

(1) Les Permissions simples ne s'accordoient jamais que pour les Ouvrages qui, après la mort des Auteurs ou de leurs héritiers, étoient considérés comme le Patrimoine de tous. Or, comme le Patrimoine de tous n'est celui de personne , ces Ouvrages devenoient la propriété du Gouvernement. Ceux qui désiroient la faire fructifier, obtenoient ces Permissions simples pour l'Impression de tel ou tel Ouvrage de ce genre, et payoient en même-temps à l'État un droit quelconque pour la faveur qu'il leur accordoit. Elles duroient trois ou six années suivant l'importance des Editions. Pendant ce temps la même Permission n'étoit accordée à qui que ce soit , dans un rayon donné. Chaque Imprimeur, pour conserver son droit, avoit le soin de la faire renouveller six mois au moins avant le terme de rigueur. Par ce moyen, chaque Maison trouvoit une garantie pour ses fonds de magasin ; par ce moyen, les *échanges* s'opéroient, & chaque Libraire ou Imprimeur ne craignant pas les contrefaçons, ou ayant un titre pour les atteindre, avec une Edition de 3,000 exemplaires, se procuroit, à son gré, autant d'exemplaires d'Ouvrages différents de celui qu'il avoit en nombre dans ses magasins. Cette manière de travailler en Librairie ne se fait pas, comme on doit bien le penser, sans beaucoup d'intelligence et des connoissances étendues.

J'ajoûterois, en outre, qu'en formant des Arrondissements par Sénatorerie ; en y plaçant un Inspecteur général avec une Communauté ou Chambre Syndicale, sous la protection et la surveillance de l'Autorité locale avec laquelle l'Inspecteur seroit tenu d''agir de concert comme avec celles de tous les lieux soumis à son inspection, et dont toutes les opérations se reporteroient ensuite à la *Direction générale* ; dans ce cas, on exerceroit aisément cette surveillance utile et réclamée de tous les Gens de bien. Orléans, par exemple, étoit jadis le Chef-lieu où se reportoit tout ce qui étoit relatif à l'Imprimerie et à la Librairie dans les Villes de Bourges, Romorantin, Blois, Vendôme, Châteaudun, Chartres et Montargis. Si, pour rendre à ces deux Professions le degré de considération qu'elles réclament, le Gouvernement, convaincu de la nécessité *de réduire*, dans nos Départements, les Places d'Imprimeurs et de Libraires au lieu *de les augmenter*, donne plus d'étendue aux Inspections projettées ; si l'*Instruction et les Talents* distinguent tous les Titulaires, alors les Sciences retrouveront la garantie et les avantages attachés aux Imprimeries contenant, sur-tout, le nombre de Caractères et de Presses nécessaires à leur exploitation (1).

~~~~~~~

C'est ici que ma soummission et mon respest pour tout ce qui émane et ce qui émanera du Gouvernement, ou, pour mieux m'exprimer, du GRAND HOMME qui en fait mouvoir tous les ressorts, me prescrivent de borner mes observations. En plaidant la cause de l'Imprimerie et de la Librairie des Départements, comme l'a fait l'estimable et respectable M. STOUPE pour celles de Paris, je crois avoir également plaidé celle de la Littérature en général. Si mon foible Ecrit

---

(1) La fixation du nombre de Caractères et de Presses pour la composition d'une Imprimerie paroît, sans doute, extraordinaire à beaucoup de personnes. C'est cependant dans cette détermination que consiste principalement la garantie que réclame le Gouvernement, et je le prouve. Un individu dont l'Imprimerie ne lui coûte que 3 à 400 livres, ne se laissera-t-il pas séduire plus facilement pour l'impression d'un pamphlet ou d'un libelle, que celui qui en aura une de 12 à 15,000 livres? Un homme riche, ayant à satisfaire sa haîne ou son effervescence, fera volontiers le sacrifice, en cas d'événement, de la perte d'une Imprimerie d'un prix aussi médiocre, et proposera même des indemnités attrayantes; mais sera-t-il aussi prodigue en s'adressant à l'autre?..... Que le Lecteur fasse lui-même la réponse.

peut parvenir aux pieds du Trône ; si tous les Hommes qui secondent SA MAJESTÉ, dans l'immortelle carrière qu'Elle fournit pour le bonheur et la gloire de tous les Français, daignent le regarder d'un œil favorable et l'appuyer auprès d'Elle, alors ma tâche est remplie et le bonheur ne tardera pas à luire pour mes Confrères et leurs intéressantes familles ; alors l'*Imprimerie* et la *Librairie*, enlevées à l'anarchie et au vandalisme, reparoîtront, dans ma Patrie, avec cet éclat et cette prééminence que toutes les autres Nations Européennes n'ont jamais pu lui disputer.

J ACOB l'Aîné.

www.ingramcontent.com/pod-product-compliance
Lightning Source LLC
LaVergne TN
LVHW021702080426
835510LV00011B/1533